В ПРИРОДЕ ЗИМОЮ.

Под редакцией Н. В. Тулупова.

ГОСУДАРСТВЕННОЕ ИЗДАТЕЛЬСТВО.

Москва. — 1919.

Снег

Зима... зима. У нас все окна
Морозной пылью замело,
И если хочешь утро видеть,
Дыханьем проясни стекло.
Совсем зима. В грязи вчерашней
Застыли твердые бугры.
Как одуванчиков погибших
Летают белые шары...
Летает снег. Летает, тает,
Играет ветром без конца,
Уж тронул первой сединою
Две пары елок у крыльца.

Еще немного, и потонет
Окрестность в снежной пелене.
Услышишь первый колокольчик
В холодной звонкой глубине.
Увидишь рыжую кобылку,—
И к дому круто из ворот,
Горя сияньем самоцветным,
Раскат полозьев повернет...

Н. Фольбаум.

Под снегом.

I.

Снег, ослепительно белый снег, куда только ни взглянешь! Повсюду однообразная пушистая пелена яркого белого цвета, сливающаяся на горизонте с сероватым тусклым небосклоном... На короткое время

Снег выпал

подымется солнце, опишет низкую дугу над самым краем горизонта, но его косые лучи мало оживляют однообразный ландшафт, с раскинувшимся над ним низко нависшим облачным небом. Мертвая тишина вокруг... Точно сказочная баба-яга одела своим белым мохнатым саваном всю природу, и под ним все заснуло, все притихло.

Такова картина нашей зимы в декабре, январе, а частью и в феврале месяце.

Снежная сплошная пелена с своею ослепительною белой окраской, бесспорно, очень красива. Но еще более изящны те мельчайшие частицы, из которых состоят зимние сугробы. В самом деле, сколько красоты в каждой отдельной снежинке! Каждая из них представляет из себя крохотную, совершенно правильно построенную звездочку, состоящую из трех или шести лучей. Чаще встречаются шестилучевые звездочки, которые, однакоже, не все построены одинаково. Напротив того, мы встречаем здесь бесконечное множество видоизменений, — их можно насчитать более сотни, при чем их строение часто может служить образцом для составления узоров. Лучше всего наблюдать формы снежинок, если выставить на воздух в то время, когда идет снег, черную

Снежинки

аспидную доску, на которой формы упавших снежинок вырисовываются особенно резко.

II.

Образуя над растительным покровом сплошную пелену, снег защищает собою и растения и почву от вредных внешних влияний. Правда, вследствие своей дурной теплопроводности он не дает солнцу согревать землю, но зато он же защищает ее от потери в холодный воздух собственной теплоты, что было бы гибельно для растительности: снег таким образом как бы сглаживает неровности климата, обеспечивая почве более равномерную и умеренную температуру. Под снежным покровом жизнь в растениях только приостанавливается на время, чтобы с наступлением тепла снова начать прерванную работу. Особенно важно значение снега для тех частей растений, которые образуются позднею осенью и должны перезимовать, прежде чем весна даст им возможность продолжать свой рост. Таковы, например, молодые побеги наших хлебных злаков; понятно поэтому, что бесснежные зимы гибельны для посевов.

III.

Помимо сбережения теплоты, снежный покров помогает почве обогащаться влагой. Зимой почва никогда не высыхает более, чем на два дюйма в глубину, и в общем пропитана влагой гораздо глубже, нежели летом; это объясняется, главным образом, тем, что слой снега защищает почву от испарения и препятствует быстрому стоку воды. Таким образом в то время, как большая часть воды, выпадающей в виде дождя летом, испаряется, не успевши проникнуть глубоко в землю, зимой снег никогда не дает почве высохнуть.

Снег обладает еще одним весьма важным свойством. Крестьяне говорят, что «снег удобряет землю». Действительно, снег, растаивая, не только обогащает почву столь нужною для нее влагой, но и снабжает ее питательными веществами. Кто не знает, что при таянии снег чернеет, оставляя после себя темно-бурый влажный осадок. Высыхая под действием солнечных лучей, этот осадок превращается в тонкий слой серой пыли, покрывающей собою землю, траву и пазухи листьев крупных растений. Наблюдения показывают, что там, где после снега остается подобный осадок, растительность бывает особенно роскошна.

IV.

Откуда же берется эта драгоценная пыль, примешивающаяся к снегу?

Земная поверхность всегда окружена более или менее толстым слоем пыли. Ветер, подхватывая эту пыль, разносит ее по всей поверхности земного шара, сгоняя часть ее даже в самые высокие горные области. Различные атмосферные осадки прибивают ее к земле; снег в этом отношении действует несравненно сильнее, нежели дождь. Его хлопья никогда не падают из облаков по прямой линии: малейшее движение воздуха заставляет их отлетать в сторону, подниматься вверх, кружиться, — словом, пройти большой путь, раньше чем они упадут на землю. Таким образом при своем полете снежные хлопья приходят в соприкосновение с большим количеством воздуха, нежели дождевые капли; действуя при этом как сито, т.-е. пропуская газ и задерживая твердые частицы, они в

Зимой в лесу. С карт. В. В. Прянишникова.

высшей степени энергично очища-
ют воздух от пыли. Упавши на землю, снег, постепенно растаивая и
уплотняясь, выделяет мало-по-малу
принесенную из воздуха пыль.

По Вольногорскому.

Что делают растения зимой.

I.

Покрытое белым пушистым ков-
ром зеленое царство спит...

Спят скрытые глубоко под снегом, в земле, бесчисленные кореш-
ки, корневища и луковички трав и
полевых цветов. Спят под ледяной
корой, на дне прудов, озер и рек,
бесчисленные водоросли, тростники

и камыши. Спят наполовину за-
сыпанные снегом по берегам рек,
по лугам и лесным опушкам ку-
сты ив, калины и лещины. Спят
белоствольные березы, беспокойные
осины, могучие дубы. Спят вечно-
зеленые сосны и ели. Спит все зеленое царство..

II.

Многие из членов великой семьи
зеленого царства отработали свой
срок—с весны до осени—и сошли
со сцены, рассеяв предварительно
вокруг себя и разослав в разные
стороны с быстрокрылым ветром
семена, которые должны продолжать их род в будущем году.
Остальные же—в том числе боль-

шая часть наших луговых трав, все кустарники и деревья — погрузились в долгий зимний сон, заранее заготовив себе все необходимое для будущего весеннего пробуждения. Это необходимое заключается, во-первых, в тех запасных веществах, которые вырабатываются листьями растения в течение лета и затем отлагаются в зимующих частях растения (корнях, корневищах, луковицах, клубнях, древесине деревьев и кустарников и т. п.), а во-вторых, в почках, которые мы видим зимой на ветках деревьев. У трав же, у которых почки образуются в том месте, где отходил летом от корней стебелек, они (т.-е. почки) скрыты зимой или в земле, или на поверхности земли, под засохшими пригнувшимися к земле стебельками, и под толстым снежным покровом, оберегающим от зимней стужи дремлющую в них жизнь.

Почки образуются во второй половине лета, и к осени, ко времени перехода природы к зимнему покою, они уже совершенно готовы.

III.

Что же именно готово в почках? А все, как есть все: и будущий стебель, и будущие листья, и даже будущие цветы; только все это находится в зачаточном, крошечном миниатюрном виде, и самым удивительным образом прикрыто и защищено от холода и непогоды (по крайней мере, у тех растений, у которых почки не скрыты под снегом, а зимуют открыто, как, например, у наших деревьев и кустарников). Теперь, зимой, самое удобное время познакомиться с устройством почек.

Срежьте несколько веточек с почками от разных деревьев и кустарников, например, сирени, клена, осины, вербы (ивы), черемухи, сосны. При этом выбирайте такие ветки, на которых находились бы рядом с мелкими листовыми почками и крупные цветочные.

Набрав веток и принеся их в комнату, положите на стол, туда, где посветлее—у окна. Затем возьмите, во-первых, хорошее увеличи-

тельное стекло, или лупу (удобнее
всего такую, какую употребляют
часовые мастера, т.-е. вставляющую-
ся в глаз; такая лупа имеет то пре-
имущество, что при работе с нею
обе руки свободны); во-вторых,
острый перочинный ножичек, а еще
лучше бритву; в-третьих, большую
штопальную иглу и, в-четвертых,
немного спирта или за неимением
такового хорошей очищенной вод-
ки. Запасшись всем этим, вы мо-
жете приступить к делу: смочив
предварительно лезвие ножа или
бритвы спиртом, берите по очереди
ветки, делайте через середину почек—вдоль и поперек — разрезы и
рассматривайте их через лупу. (Сма-
чивать нож или бритву спиртом
нужно для того, чтобы получались

чистые хорошие разрезы; в особенности это необходимо при работе со смолистыми почками, как, например, сосновыми, березовыми, тополевыми, которые сухой бритвой вовсе не режутся, а разрываются.)

IV.

Рассматривая разрезы почек, вы увидите, что каждая почка покрыта снаружи чешуйками, и только у вербы вместо чешуек один общий чехольчик. Особенно много чешуек (красивых, вишнево-красных) у клена. Чешуйки почки, служа ей как бы одеждой, предохраняют почку от неблагоприятных внешних влияний во время зимнего покоя. Когда весной почка начинает распускаться и в чешуйках уже более надобности не имеется, они отпадают одна за другой. Чехольчики вербных (ивовых) почек снимаются целиком, в виде колпачков.

Далее: под чешуйками некоторых почек, как, например, у осины, и под чехликом у ивы вы найдете целую шубку из серебристо-шелковистых волосков, которую предусмотрительная природа заготовила для зимы. Наконец внутри почек вы увидите: в некоторых из них—зелененькие листочки, сложенные и свернутые различным образом; в других же—зачатки цветов. Особенно интересны и изящны продольные разрезы цветочных почек клена и осины. У клена под колпачком из красных чешуек стоит крошечный зеленый букетик, в котором, если разрез сделан удачно, можно расемотреть даже отдельные цветочки. Здесь вы ясно увидите, что в этой почке действительно все готово для наступающего года: весь цветочный букетик и даже первые листики, которые будут окружать этот букетик, когда он распустится весной. На тычинковой [1]) цветочной почке осины вы найдете уже заготовленными все те сотни пыльников, которые сидят на распустившихся весной, длинных серо-пушистых сережках этого де-

---

[1]) У осины цветочные сережки, содержащие в себе плодотворную пыльцу—так называемые тычинковые,—находятся на одних деревьях; плодниковые же, в которых развиваются семена, собраны на других; во время цветения ветер переносит плодотворную пыльцу с тычинковых сережек на плодниковые, после чего на этих последних начинают образовываться семена.

рева. То же вы найдете и в цветочных почках сосны и вербы. У всех все готово и только ждет пришествия волшебницы-весны, чтобы от ее теплого дыхания развернуться во всей своей красе.

По Кайгородову.

Буран.

I.

Я приближался к месту моего назначения [*]). Вокруг меня простирались печальные пустыни, пересеченные холмами и оврагами. Все покрыто было снегом. Солнце садилось. Кибитка ехала по узкой до-

---

[*] К Оренбургу

роге, или, точнее, по следу, проложенному крестьянскими санями. Вдруг ямщик стал посматривать в сторону и, наконец, сняв шапку, обратился ко мне и сказал:

— Барин! не прикажешь ли воротиться?

— Это зачем?

— Время не надежно: ветер слегка подымается; вишь, как он сметает порошу.

— Что за беда!

— А вишь, там что! (Ямщик указал кнутом на восток.)

— Я ничего не вижу, кроме белой степи да ясного неба.

— А вон, вон, это облачко.

Я увидел в самом деле на краю неба белое облако, которое принял было за отдаленный холмик.

Ямщик изъяснил мне, что облако предвещало буран.

Я слыхал о тамошних метелях и знал, что целые обозы бывали ими занесены. Савельич, согласно с

В загоне.

мнением ямщика, советовал воротиться. Но ветер показался мне не силен; я понадеялся добраться заблаговременно до следующей станции и велел ехать скорее.

Ямщик поскакал; но все поглядывал на восток. Лошади бежали дружно. Ветер между тем час от часу становился сильнее. Облака обратились в белую тучу, которая тяжело подымалась, росла и постепенно облегала небо. Пошел мелкий снег—и вдруг повалил хлопьями. Ветер завыл, сделалась метель. В одно мгновение темное небо смешалось с снежным морем. Все исчезло. «Ну, барин, — закричал ямщик, — беда: буран!..»

II.

Я выглянул из кибитки: все было мрак и вихорь. Ветер выл с такой свирепой выразительностью, что казался одушевленным; снег засыпал меня и Савельича; лошади шли шагом и скоро стали. «Что ж ты не едешь?» спросил я ямщика с нетерпением. «Да что ехать? — отвечал он, слезая с облучка. — Ни-весть и так куда заехали: дороги нет и мгла кругом». Я стал было его бранить. Савельич за него за-ступился. «И охота была не слу-шаться, — говорил он сердито: — во-ротился бы на постоялый двор, на-кушался бы чаю, почивал бы себе до утра; буря б утихла, отправились бы далее. И куда спешим? Добро бы на свадьбу!» Савельич был прав. Де-лать было нечего. Снег так и валил. Около кибитки подымался сугроб. Лошади стояли, понуря головы и изредка вздрагивая. Ямщик ходил кругом, от нечего делать улажи-

вая упряжь. Савельич ворчал; я
глядел во все стороны, надеясь уви-
деть хоть признак жилья или дороги, но ничего не мог различить,
кроме мутного кружения метели…
Вдруг увидел я что-то черное. «Ей,
ямщик! —закричал я.—Смотри, что
там такое чернеется?» Ямщик стал
всматриваться. «А Бог знает, барин,—сказал он, садясь на свое ме-
сто:—воз — не воз, дерево—не дерево, а кажется, что шевелится.
Должно-быть, или волк, или человек».

III.

Я приказал ехать на незнако-
мый предмет, который тотчас и
стал подвигаться нам навстречу.

Порожняк. Съ карт. Н. М. Правдникова.

Через две минуты мы поровнялись с человеком. «Гей, добрый человек!—закричал ему ямщик.—Скажи, не знаешь ли, где дорога?» — «Дорога-то здесь; я стою на твердой полосе,—отвечал дорожный. — Да что толку?»—«Послушай, мужичок,—сказал я ему,—знаешь ли ты эту сторону? Возьмешься ли ты довезти меня до ночлега?» — «Сторона мне знакома, — отвечал дорожный:—слава Богу, исхожена и изъезжена вдоль и поперек. Да, вишь, какая погода: как раз собьешься с дороги. Лучше здесь остановиться да переждать, авось, буран утихнет, да небо прояснится: тогда найдем дорогу по звездам».

Его хладнокровие ободрило меня. Я уже решился, передав себя воле

Божией, ночевать посреди степи,
как вдруг дорожный сел проворно
на облучок и сказал ямщику: «Ну,
слава Богу, жило недалеко; свора-
чивай вправо да поезжай». — «А
почему ехать мне вправо? — спросил ямщик с неудовольствием. —
Где ты видишь дорогу? Небось, лошади чужие, хомут не свой, пого-
няй не стой». Ямщик казался мне
прав. «В самом деле, — сказал я, —
почему думаешь ты, что жило не-
далече?» — «А потому, что ветер от-
толе потянул, — отвечал дорожный, — и я слышу, дымом пахну-
ло; знать, деревня близко». Смет-
ливость его и тонкость чутья меня
изумили. Я велел ямщику ехать.
Лошади тяжело ступали по глубо-
кому снегу. Кибитка тихо подви-

галась, то въезжая на сугроб, то обрушиваясь в овраг и переваливаясь то на одну, то на другую сторону. Это похоже было на плавание судна по бурному морю. Савельич охал, поминутно толкаясь о мои бока. Я опустил цыновку, закутался в шубу и задремал, убаюканный пением бури и качкою тихой езды.

А. С. Пушкин.

Вопросы: 1) Какие формы имеют снежинки?

2) Как удобнее рассматривать формы снежинок?

3) Что делает для растений снежный покров?

4) Что делает снег для почвы?

5) Как и чем снег удобряет почву?

Задачи. 1) Расскажите подробно, из каких частей состоят почки ивы (или сосны, или вербы и других подобных растений) и для чего нужна каждая из этих частей. 2) Расскажите подробно, как вы будете рассматривать разрезы почек. Какие инструменты нужны вам для этого?

Содержание.

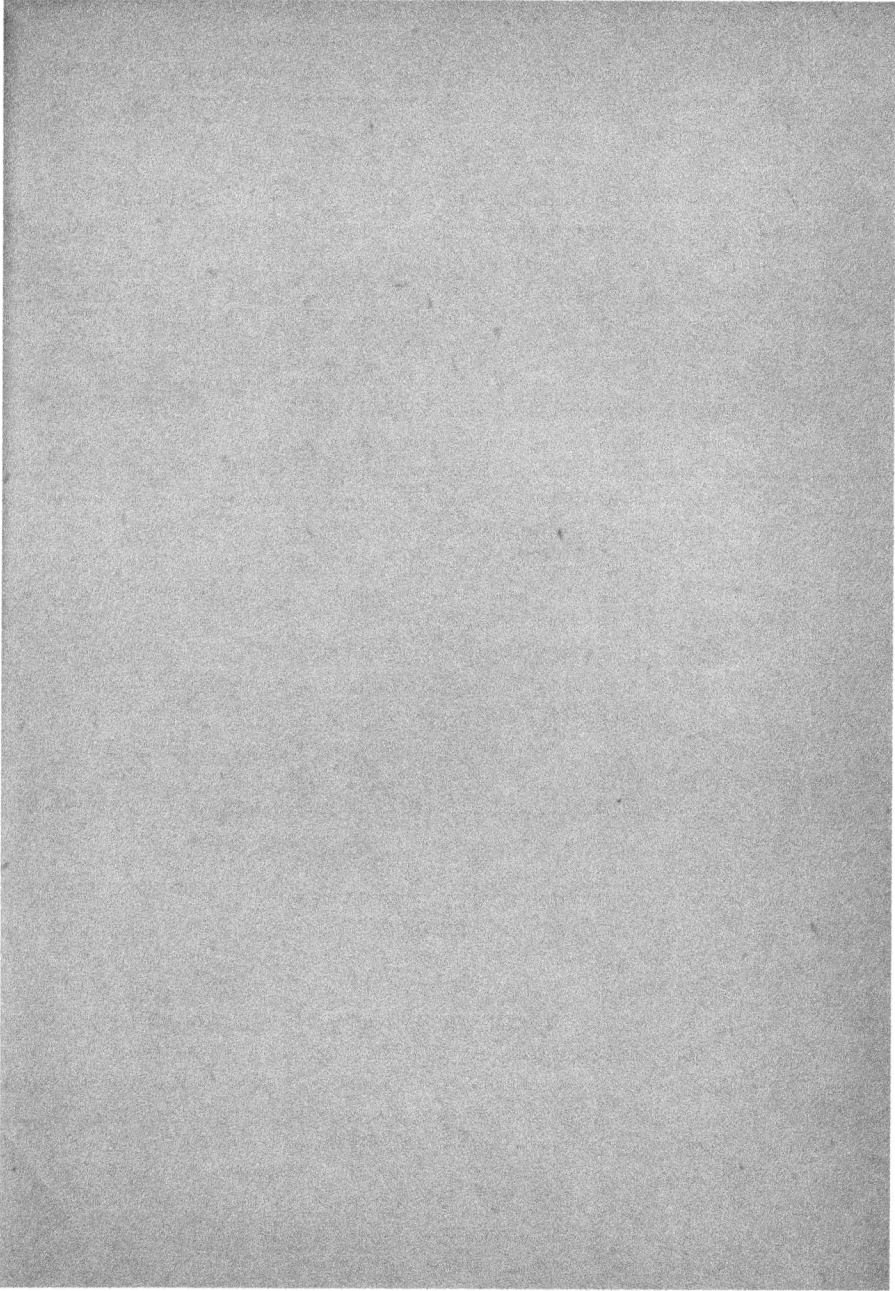

Книги для детского чтения.

ВЫШЛИ В СВЕТ:

ЦЕНА.

Н. В. Тулупов. „Книжки-первинки для малых
ребят", кн.   I . . . .   — 60 к.
кн. II . . . .   — 90 „
кн. III . . . .   — 90 „
кн. IV . . . . 1 р. 50 „
кн.   V . . . . 1 „ 50 „

Крылов. Басни . . . . 6 „ —
Тургенев. Муму . . . . 2 „ —
Роберт-Луи Стивенсон. „Детский цветник
стихов" . . . . 2 „ 50 „
Ядвига Хшонщевская. Большое и малое . . . . 3 „ —
Эмиль Золя. Осада мельницы . . . . 5 „ —
Плещеев. Стихотворения . . . . 1 „ 20 „
С. Буковецкая. Пять суток под землей . . . . 3 „ 50 „
Тулупов. Рассказы и сказки о животных . . . . 3 „ 50 „

Редакция педагогического учреждения „Наш дом":

Н. Телешов. „Елка Митрича" . . . . 4 „ —
Сборник для детей млад. возраста „Зайка" . . . . . 6 „ —
„   „   „   „   „   „Русские народ-
ные песни" . . . . 6 „ —

В ближайшее время выйдут и поступят в продажу

Н. В. Тулупов. „Книжки-первинки для малых ребят",
книги VI—XIII.
Б. Прусс. Шарманка.
Сборник для детей млад. возраста „Кот-Мурлыка" и др.

С запросами и заказами следует обращаться в книжные
склады Государственного Издательства:

Петроград, Фонтанка, 61.   Москва, Тверская, 28 и Тверская, 11.

ЦЕНА 3 р. 50 к.

Никем из книгопродавцев указанная на книге
цена не может быть повышена.

Государственное Издательство.

Типография Вилиде Москва

www.ingramcontent.com/pod-product-compliance
Lightning Source LLC
Chambersburg PA
CBHW051348290326
41933CB00042B/3334